Unterwegs mit dem Hafenschlepper

Text von Angela Royston
Illustrationen von George Buchanan

ISBN 3-7302-1494-2
© 2001 Buchverlag Junge Welt
1. Auflage
Titel der Originalausgabe: On the Move · The Story of a Tugboat
© 1990 und 1999 Kingfisher Publications plc
Published by arrangement with Kingfisher Publications plc

Unterwegs mit dem Hafenschlepper

Buchverlag Junge Welt

Dieser Schlepper verkehrt auf Flüssen. Er zieht Schiffe durch die Fahrrinne und hilft ihnen die Häfen sicher zu erreichen.

Wasserkanone

Kombüse

Schleppseil

Maschinenraum

Schiffsschraube

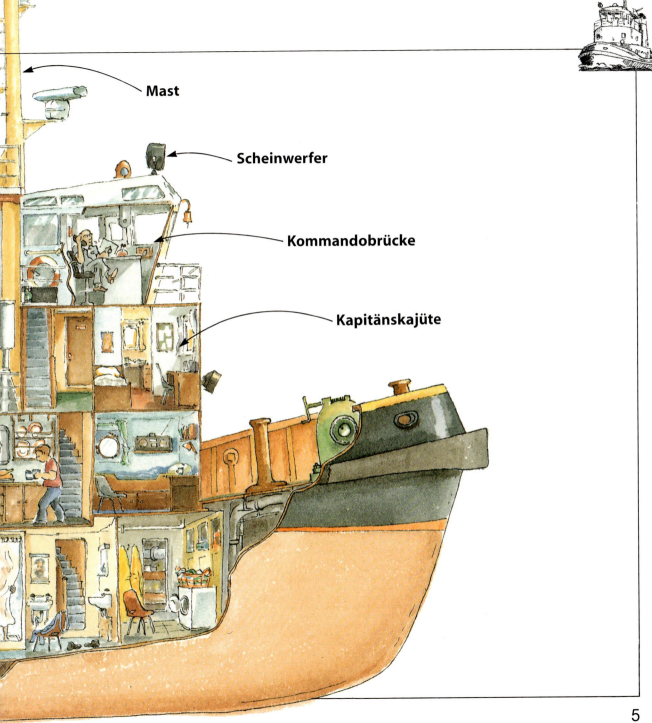

Mast

Scheinwerfer

Kommandobrücke

Kapitänskajüte

Früh am Morgen hört man am Fluss nur das Schreien der Möwen. An der Mündung warten bereits einige große Schiffe darauf den Fluss hinauf zu den Docks zu fahren. Doch es ist gerade Ebbe und der Fluss hat noch nicht genügend Wasser.

Gerade hat die Besatzung den Schlepper *Jupiter*, der im Fluss verankert liegt, übernommen. Sie putzt und streicht das Boot, während sie auf die Flut wartet. Im Maschinenraum sind die beiden Ingenieure dabei den Motor zu überprüfen.

Kurz bevor die Flut ihren höchsten Stand erreicht hat, dampft ein großes Schiff langsam den Fluss herauf. Es wird von einer Barkasse mit einem Lotsen an Bord, der *Jupiter* und einem zweiten Schlepper erwartet. Der Lotse klettert von der Barkasse aufs Schiff. Die Schlepper werden es den Fluss hinauf zum Hafen bringen.

David, ein Bootsmann der *Jupiter*, wirft zunächst eine leichte Wurfleine hoch auf die linke Seite des Schiffes. Damit befestigen die Matrosen des Schiffes das Schlepptau.
Vom zweiten Schlepper *Saturn* wird nun ein Seil zur ande-

ren Schiffsseite geworfen. Kaum ist es befestigt, funkt der Lotse den Schleppern: „Langsame Fahrt voraus!" Die kräftigen Motoren bewegen die Boote vorwärts und die Schleppseile straffen sich. Langsam schleppen die Boote das Schiff den Fluss hoch.

Bevor das Schiff die Docks erreicht, muss es gedreht werden. *Saturn* und *Jupiter* ziehen den Schiffsbug herum, das große Schiff hilft mit seiner Motorkraft beim Drehen. Dann ziehen beide Schlepper das Schiff zu seinem Liegeplatz im Hafen.

Als das Schiff fast angelegt hat, löst ein Matrose die Schleppseile. Sie werden zurück auf die Schlepper gezogen.

Nun schieben die Schlepper das Schiff näher an die Hafenmauer heran. Mit starken Tauen wird es festgemacht. „Auftrag ausgeführt", meldet Uwe, der Schlepperkapitän, dem Kontrollraum des Schlepperbüros und bekommt seinen nächsten Auftrag.

Der Schlepper fährt wieder den Fluss hinunter um das nächste Schiff, das andocken möchte, abzuholen. In der Kombüse macht Christian für alle etwas zu essen. Plötzlich trifft das Boot auf einen Widerstand. Sofort wird der Motor

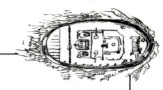

gestoppt. Alle rennen aufs Deck, um zu sehen, ob sich etwas in der Schiffsschraube verfangen hat. Falls das so ist, müssen sie auf einen Taucher warten, der sie wieder befreit. Doch sie haben Glück. Uwe signalisiert: „Volle Fahrt achtern!", das Boot fährt ein Stück rückwärts. Da entdecken sie auf dem Wasser einen alten Autoreifen. Die Besatzung jubelt!

Einige Stunden später bekommt Uwe den Funkspruch vom Kontrollraum, dass ein Schiff auf dem Fluss brennt. „Wir sind schon unterwegs", erwidert Uwe.

Während sich der Schlepper dem Unglücksort nähert, schließt David die Wasserschläuche an.

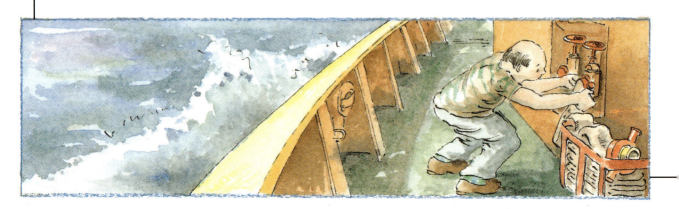

Steffen und Christian steigen die Leiter zu den
Wasserkanonen am Mast hinauf.

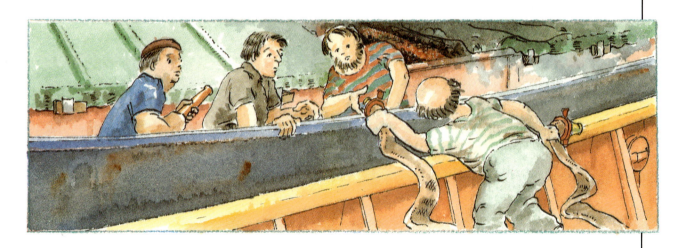

Als sie das brennende Schiff erreicht haben, startet einer
der Ingenieure die Pumpe im Maschinenraum und David
übergibt die Schläuche den Matrosen des Schiffs.

Auch David klettert mit einem Schlauch ins Schiff hinunter um das Feuer innen zu bekämpfen. Steffen und Christian richten die Wasserkanonen auf das brennende Deck.

Andere Schlepper kommen noch hinzu und gemeinsam schaffen sie es die Flammen zu löschen. Zwei Stunden dauert es, bis das Feuer besiegt ist.

Während zwei Schlepper das beschädigte Schiff zu den Docks ziehen, bleibt die Jupiter vor Ort um ausgelaufenes Motorenöl zu beseitigen. Sie besprühen das Öl mit Reinigungsmittel um es aufzulösen.

Dazu werden auf dem Boot große Ausleger ausgeklappt, mit denen Steffen und Christian das Reinigungsmittel versprühen. David wirft ein hölzernes Gestell übers Heck, dass das Öl verteilt. Bald ist kein Öl mehr zu sehen.

Als der Abend kommt, hat die Flut eingesetzt und die Schlepper ziehen ein weiteres Schiff in den Hafen. Obwohl es dunkel ist, können Uwe und der Kapitän des anderen Schleppers die Fahrwasserrinnen gut erkennen, weil sie durch Leuchtbojen markiert sind.

Bald haben sie die Docks erreicht und helfen dem Schiff beim Festmachen. Das war für heute ihr letzter Einsatz und die Besatzung kann sich endlich ausruhen. Alle freuen sich schon auf die Barkasse, die am nächsten Morgen ihre Ablösung bringen wird.

Einige besondere Wörter:

Ankern - Anker auswerfen

Backbord - Wort der Seeleute für links, in Fahrtrichtung gesehen

Barkasse - kleines Boot zur Beförderung von Personen zwischen Land und Schiff

Bojen - Tonnen oder Leuchtfeuer, die Fahrrinnen im Wasser anzeigen

Brücke - Kontrollraum des Schiffes

Bug - Spitze des Schiffes

Dock - Platz im Hafen, wo Schiffe be- und entladen werden

Fahrrinne - die tiefste Stelle des Flusses, wo Schiffe sicher fahren können

Heck - hinteres Ende des Schiffes

Ingenieur - repariert und wartet Maschinen

Kombüse - Schiffsküche

Lotse - Person, die das Schiff in den Hafen oder durch den Fluss lenkt (lotst)

Langsame Fahrt voraus - langsam vorwärts fahren

Steuerbord - Wort der Seeleute für rechts, in Fahrtrichtung gesehen

Voll achtern - so schnell wie möglich rückwärts fahren

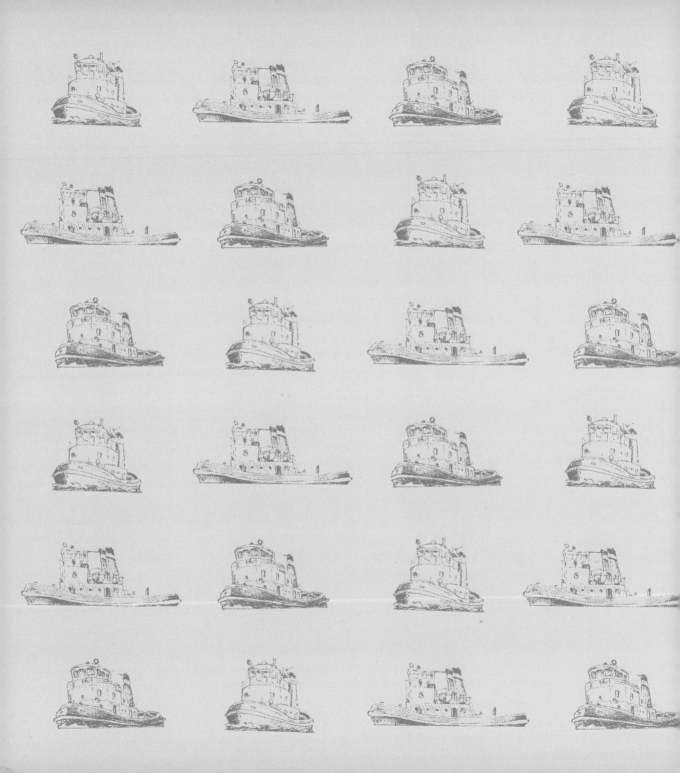